ANATOMIE

DES PLANTES AÉRIENNES DE L'ORDRE DES

ORCHIDÉES.

2ᵉ MÉMOIRE : ANATOMIE DU RHIZOME, DE LA TIGE ET DES FEUILLES, (1)

Par M. Ad. CHATIN,

Membre correspondant de la Société.

Nous examinons successivement dans ce travail : 1° le *rhizôme*, partie de la plante qu'on a supposée, jusqu'à nos recherches, être identique à la *tige* proprement dite, dont elle ne diffère toutefois, pas moins par son anatomie que par son milieu généralement souterrain; 2° la *tige*, divisée par les botanistes, d'après les formes qu'elle affecte dans les diverses espèces, en *bulbotige*, sorte de tige basilaire renflée formant comme le passage du rhizôme à la tige et en *tige ordinaire*; 3° le *pédoncule* ou tige florale, encore assimilé, par des considérations morphologiques ou organographiques, à la tige foliifère ordinaire, dont l'anatomie le distingue cependant, comme si sa structure se fût modifiée

---

(1) Le 1ᵉʳ mémoire, qui comprend *l'Anatomie des racines*, est inséré dans le tome IV des Mémoires de la Société, p. 5. (1856).

pour se mettre en harmonie de fonctions avec les appendices, modifiés aussi dans leur structure et leur action, qu'il porte; 4° les *feuilles*.

§ I. Anatomie du Rhizome.

Un examen anatomique attentif de la partie la plus inférieure du caudex ascendant des plantes, même de celles qui sont annuelles et paraissent avoir une tige parfaitement simple, permet presque toujours de reconnaître que cette partie diffère par quelques caractères, comme la présence de rayons médullaires, l'absence de trachées, etc., des portions de l'axe placées au-dessus d'elle. On peut, pour ne pas former un mot nouveau, étendre à cette partie inférieure, d'ailleurs habituellement souterraine, de l'axe, le nom de rizhôme; mais je négligerai, dans ce mémoire, le rhizôme purement anatomique qui ne se distingue point de la vraie tige par sa forme ou sa direction, pour ne m'occuper que du rhizôme classique des auteurs, de celui que caractérisent nettement, avec sa direction rampante et souterraine, l'émission de racines par son côté inférieur, la production de bourgeons à feuilles vers son côté supérieur ou à son extrémité qui se redresse alors en formant avec le rhizôme lui-même un angle plus ou moins droit. Le genre *Pleurothallis*, qui est habituellement pourvu d'un rhizôme traçant bien développé, va nous servir à décrire cet organe. Nous prendrons comme exemple le *P. prolifera*, charmante petite espèce portant au sommet de sa tige une épaisse feuille recourbée en une sorte de nacelle ou de berceau, dans lequel est enfermé et comme couché un petit épi de fleurs.

L'examen, à un grossissement suffisant, d'une coupe transversale du rhizôme de ce *Pleurothallis*, fait reconnaître qu'il est formé des parties suivantes : la membrane épidermique, que forme une assise de cellules tabulaires vides de tous granules; 2° le parenchyme, qui s'étend, sans modifications sensibles dans sa texture, depuis la région sous-épidermique ou corticale jusqu'à l'axe de l'organe, et se compose (comme le parenchyme des racines) d'utricules à parois ponctuées; 3° un cercle fibro-cortical engagé dans l'épaisseur du parenchyme qu'il divise en deux régions, l'une externe et pouvant être dite corticale eu égard à son siège, l'autre interne ou médullaire. Ce cercle cortical, que forment d'épaisses fibres ponctuées, est brisé sur plusieurs points occupés par des utricules du parenchyme établissant la continuité entre la région externe et la région interne de ce dernier; 4° des faisceaux fibro-vasculaires, épars, mais non toutefois sans quelque régularité, dans la région interne du parenchyme. Les faisceaux, sensiblement pareils les uns aux autres, sont d'ailleurs formés des quatre éléments suivants : a, d'une zône de fibres épaisses et ponctuées qui en forment la circonférence; b, d'une zône, inscrite dans la précédente, mais plus épaisse du côté interne, de fibres d'un assez grand diamètre, à parois minces et non ponctuées; c, de quelques vaisseaux (ponctués ou rayés, jamais spiraux déroulables (?) disposés dans la portion interne et épaisse de la zône précédente ; d, d'un petit amas de fibres cambiales très étroites et fort minces, placé au dehors de la portion interne ou vasculaire de la zône c.

La structure que nous venons de faire connaître se retrouve, sans notables modifications, dans le rhizôme du *Pleurothallis spatulata* et de quelques autres Orchidées; nous nous y arrêterons, car elle suffit pour montrer que le rhizôme, tout en pouvant tenir par quelques points à la racine et à la tige, diffère nettement, par son anatomie, de l'une et de l'autre.

Les racines du *Pleurothallis prolifera* se composent, en effet, d'une membrane épidermique à deux assises de cellules à parois simples [si, au lieu de s'être développées dans la terre ou dans la mousse humide, ces racines étaient aériennes, l'assise extérieure de leur membrane épidermique ferait place à une couche spongieuse (*velum* de M. Schleiden) de cellules spiralées], d'un épais parenchyme cortical à utricules ponctuées, d'une couche ligneuse fibro-vasculaire continue à utricules toutes ponctuées et à vaisseaux ponctués ou rayés, plus d'une petite moëlle enveloppée par la couche ligneuse. On voit : 1° qu'elle tient du rhizôme uniquement par la nature des utricules de son parenchyme et par celle de ses vaisseaux; 2° qu'elle diffère par sa couche épidermique, par le manque de zône fibro-corticale, par le groupement de tout le système fibro-vasculaire en un cercle continu et par la réduction habituelle de tout le système des fibres à une seule forme élémentaire.

Quant à la tige proprement dite du *P. prolifera*, bien que, comme on pouvait le penser, elle ressemble plus que les racines au rhizôme, sa structure en diffère par quelques points importants. Son épiderme, formé comme celui du rhizôme par une simple assise d'utricules, porte quelques stomates. La couche fibro-corticale existe, mais continue et non brisée, et, fait bien digne d'attention que nous retrouverons chez des *Brassavola, Cattleia, Epidendrum, Dendrobium,* etc., elle est immédiatement sous-épidermique, c'est-à-dire concentrique à toute la masse du parenchyme qui s'adosse à elle par sa portion la plus externe.

Son parenchyme s'éloigne à son tour de celui du rhizôme par une moins grande homogénéité, de nombreuses utricules chromulifères, les unes à parois simples, les autres à parois spiralées, s'entremêlant dans la région externe aux utricules ponctuées, tandis que celles de la région interne contiennent pour la plupart des grains de fécule.

Enfin ses faisceaux fibro-vasculaires, fort semblables à ceux du rhizôme par leur disposition dans la portion intérieure du parenchyme et par leur composition, en diffèrent cependant par la présence constante de trachées bien déroulables.

Ainsi donc, en négligeant l'épiderme, dont la modification paraît directement commandée par la présence ou l'absence de la lumière, on trouve que le rhizôme se distingue de la tige par la non-continuité et le siège de la couche fibro-corticale, ainsi que par la simplicité ou l'homogénéité plus grande du parenchyme et du système vasculaire. On ne peut donc dire, sans confondre deux parties distinctes par leur structure anatomique comme elles le sont souvent par la durée, que le *rhizôme est une tige souterraine.*

Des auteurs, mêmes classiques, qui ont écrit sur le rhizôme, le confondent avec la *souche* prise dans un sens général. Leur erreur tient à ce que le nom de souche a été appliqué à deux organes fort distincts, savoir : à de vrais rhizômes ou même à des tiges enfouies sous la terre, comme on le pratique dans la culture de la vigne, et dans les Dicotylédones, à la base ou partie axile plus ou moins conoïde du corps radiculaire. On mettra fin à cette confusion, soit en renonçant tout-à-fait au mot souche, soit en ne se servant de celui-ci que pour désigner le corps des racines pivotantes.

§ II. Anatomie de la Tige.

Tandis que, comme nous le rappellerons plus loin, la structure des feuilles des Orchidées épidendres a déjà été l'objet de savantes recherches, celle de la tige de ces végétaux intéressants a été négligée jusqu'à ce jour. Les morphologistes, frappés de la forme du renflement prononcé qu'offre à sa base la tige d'un grand nombre d'espèces, se sont empressés de créer, pour désigner ces parties renflées, un nom, celui de *bulbotige*. Mais l'absence de caractères anatomiques de nature à faire distinguer des tiges ordinaires les bulbotiges, qui n'offrent en propre qu'une plus grande prédominance du tissu parenchymateux, nous oblige à réunir les unes et les autres dans une même étude.

Nous examinerons successivement, dans les principaux genres des Orchidées épiphytes, l'épiderme, le parenchyme, la zône fibro-corticale et les faisceaux ligneux ou fibro-vasculaires, parties constituantes de la tige.

I. ÉPIDERME. — Comme celui du rhizôme et des feuilles, mais contrairement à l'épiderme de leurs racines et à celui de quelques *Cactus*, etc., pourvus de racines aériennes, le système épidermoïdal de la tige est habituellement formé d'une seule assise de cellules. Tantôt d'ailleurs, comme dans les *Pleurothallis prolifera* et *spatulata*, le *Liparis lanceolata*, le *Vanilla planifolia* et le *Physosiphon Loddigesii*, les parois des cellules sont minces ; tantôt au contraire, comme dans le *Bolbophyllum Careyanum*, le *Dendrobium fimbriatum*, les *Epidendrum crassifolium* et *E. Inosmum*, le *Lælia anceps*, le *Brassavola venosa*, le *Cattleia*, le *Maxillaria tenuifolia*, le *Catasetum ligulatum*, le *Cymbidium sinense*, les *Oncidium*, le *Vanda recurva*, etc., ces parois ont une épaisseur considérable. En somme, les cellules épidermiques à parois épaissies représentent l'état le plus ordinaire, tandis que les épidermes à cellules minces sont de beaucoup les plus rares dans la tige des Orchidées épidendres.

La *pellicule épidermique* ou cuticule, cette couche continue sur-épidermique qu'avaient entrevue Bénédicte de

Saussure et Hedwig, qui a pris définitivement place dans l'anatomie végétale par suite des recherches de M. Adolphe Brongniart, et à la connaissance intime de laquelle ont ajouté les observations de Meyen, de MM. Hugo de Mohl, Payen, Trécul, etc., atteint souvent à une épaisseur considérable.

C'est elle qui, moulée à la surface externe des cellules de l'épiderme dont parfois, comme chez le *Brassavola venosa*, elle se distingue assez bien par suite d'une sorte de décollement, forme en réalité l'épaississement du système épidermique. Dans plusieurs Orchidées épidendres la pellicule épidermique ne prend pas de développement sensible, bien que les cellules de l'épiderme tranchent sur celles du parenchyme par leur forme tabulaire; chez aucune de ces plantes elle n'existe à l'exclusion de l'épiderme. Cette existence de la pellicule épidermique quand l'épiderme lui-même est regardé comme absent ne peut-elle d'ailleurs s'expliquer par ce fait que les épidermes les plus caractérisés par la forme et la texture de leurs cellules passent insensiblement chez certaines espèces à la nature du parenchyme? J'avoue que je suis porté vers cette manière de considérer les choses, quand je compare la structure de la fronde du *Ceratopteris thalictroides*, espèce surtout donnée comme exemple de pellicule n'ayant pas d'épiderme pour substratum, à celle d'un grand nombre d'autres végétaux, de ceux surtout qui sont aussi à demi aquatiques.

II. PARENCHYME. — Les tissus utriculaires qui forment le parenchyme de la tige des Orchidées épidendres se présentent, au point de vue de la comparaison de la portion externe ou corticale et de la portion interne ou médullaire de celui-ci, sous trois états généraux ou types, entre lesquels existent d'ailleurs, comme entre toutes les distinctions faites plus par les naturalistes que par la nature, des organisations de passage ou de transition.

Dans le premier type, offert par le *Pleurothallis spatulata* et le *Dendrobium fimbriatum*, type qui n'est pas à beaucoup près le plus commun, comme on pourrait être porté à l'admettre en partant des idées qui ont cours sur l'homogénéité théorique de la structure des monocotylédones, le parenchyme est sensiblement identique, tant par la structure des parois des utricules que par le contenu de celles-ci, dans toute l'épaisseur de la tige.

Pendant que l'homogénéité de texture et de contenu des utricules caractérise le premier type, le second a pour caractère des différences soit dans la paroi même des cellules, soit plus souvent dans la nature des matières contenues, soit à la fois dans la structure des utricules et dans les substances déposées à leur intérieur. Dans le premier de ces cas rentre, jusqu'à un certain point, l'*Epidendrum cochleatum*; dans le second cas se placent d'une part le *Pleurothallis prolifera*, le *Liparis lanceolata*, le *Bolbophyllum Careyanum*, la plupart des *Epidendrum*, le *Brassavola venosa*, le *Cattleia Forbesii*, le *Catasetum intermedium* et le *Cymbidium sinense*, dont le parenchyme interne se distingue du parenchyme externe ou sous-épidermoïdal en ce qu'il contient de la fécule au lieu de chlorophylle, d'autre part le *Lælia anceps* et le *Vanda recurva* dont le parenchyme central est habituellement formé d'utricules ne contenant ni fécule ni chlorophylle; enfin, comme se rattachant au troisième cas, savoir à celui des plantes dont le parenchyme interne diffère du parenchyme externe à la fois par la structure et par le contenu des utricules, je citerai le *Cattleia Mossiæ*, dont les utricules de l'intérieur sont ordinairement remplies de fécule et à parois unies ou simples, tandis que celles de la périphérie sont souvent à la fois comme chromulifères et à parois ponctuées.

Le troisième type offre, comme le second type, des différences entre le parenchyme de l'intérieur et le parenchyme de la région externe, mais avec ce caractère de plus, que les deux portions de parenchyme sont isolées l'une de l'autre par l'interposition d'un cercle fibreux complet. Dans cette organisation, qui rappelle à certains égards celle des tiges d'un grand nombre de dicotylédones, on peut, sans s'écarter des analogies et sans donner aux idées que rappellent les mots une extension trop grande, désigner le parenchyme externe par celui de parenchyme cortical et le parenchyme intérieur par celui de moëlle. Cet isolement du parenchyme médullaire et du parenchyme cortical ou herbacé, plus commun d'ailleurs dans les pédicelles dont il est presque un des attributs, que dans les tiges proprement dites, peut être le résultat d'organisations qui du reste ne sont pas identiques.

Ainsi dans le *Vanilla planifolia* il est produit par une zône fibro-corticale distincte de tous les faisceaux fibro-vasculaires ou ligneux, tandis que dans le *Physosiphon Loddigesii* il se rattache à l'existence d'un cercle prosenchymateux auquel sont adossés, en une série régulière, tous ou presque tous les faisceaux fibro-vasculaires de la tige. Dans le *Vanilla* comme dans le *Physosiphon*, les utricules de la moëlle diffèrent de celles du parenchyme herbacé par le manque habituel de chlorophylle et par les ponctuations de leurs parois.

Le *Pleurothallis prolifera* offre presque, sous le rapport qui nous occupe, la structure du *Vanilla*. Toutefois chez lui le cercle fibro-cortical, brisé sur plusieurs points, laisse communiquer largement le parenchyme externe avec le parenchyme interne.

Je viens d'examiner les différences générales qui se présentent quand on considère, en les comparant l'une à l'autre dans leur ensemble, les portions externe et interne du parenchyme, il reste à signaler celles qu'on constate quand on a égard uniquement à la nature propre des utricules et abstraction faite de leur siège. Laissant de côté, comme moins important, ce qui tient à la forme même et aux dimensions, d'ailleurs assez variables, des utricules, je ne m'arrêterai qu'aux matières renfermées dans les cavités de celle-ci et à la texture de leurs parois.

Les parois des utricules sont assez souvent simples, c'est-à-dire non marquées de ponctuations, de raies ou de lignes diverses, mais fréquemment elles n'offrent pas le même caractère de simplicité. Tantôt alors les parois se marquent de ponctuations sensiblement arrondies comme sur les utricules du parenchyme intérieur du *Vanilla*, du *Physosiphon;* tantôt les ponctuations arrondies font place à des ellipses, comme dans le *Pleurothallis prolifera* et sur quelques unes des utricules des *Epidendrum crassifolium, E. Inosmum,* du *Brassavola venosa,* du *Lælia anceps,* de la plupart des *Cattleia, Catasetum, Cymbidium,* etc.; tantôt, au lieu de points arrondis et d'ellipses, les parois portent des réticulations diverses, ainsi qu'on le voit dans beaucoup d'*Oncidium*, le *Bolbophyllum Careyanum*, plusieurs *Epidendrum*, le *Lælia anceps*, etc.; enfin, et c'est là un cas si fréquent qu'on pourrait citer à l'appui le plus grand nombre des Orchidées épiphytes, les cellules offrent des spirales les unes simples, les autres doubles ou triples, là parallèles et ici diversement entrecroisées. Telle est la fréquence des utricules spiralées que, si elles ne paraissaient manquer tout-à-fait dans certaines espèces, telles que le *Vanilla planifolia,* les *Pleurothallis prolifera* et *spatulata*, etc., on serait porté à les regarder comme caractéristiques des tiges des végétaux qui nous occupent ; mais l'existence d'utricules spiralées n'est pas plus ici un caractère absolu dans les tiges que dans les feuilles. Les lames qui forment les spirales peuvent d'ailleurs se dérouler, comme on l'observe chez les trachées. Assez souvent aussi la paroi des utricules vieillies, détruite dans les intervalles qui séparent les lames spirales, se présente à jour et comme éraillée. Fréquemment j'ai pu constater que la lame spirale était franchement interne à la paroi de la cellule mère; dans aucune plante je n'ai pu acquérir la certitude qu'elle fût extérieure à celle-ci.

Le *contenu* des utricules peut être aussi indiqué à grands traits quoique avec une exactitude suffisante. La portion externe du parenchyme renferme habituellement des granules verts assez gros. Le parenchyme interne est fréquemment féculifère, notamment dans les bulbotiges, où la fécule emmagasinée forme une réserve d'aliments pour la plante : très variables d'ailleurs par leurs formes et leurs dimensions, les grains d'amidon sont le plus souvent arrondis ou ovoïdes et ne mesurent que $0^{mm}008$ dans le *Pleurothallis*, tandis que dans le *Liparis lanceolata* ils se présentent sous la forme de belles ellipses pouvant atteindre à une longueur de $0^{mm}08$! Dans presque toutes les Orchidées épiphytes on constate l'existence d'un certain nombre d'utricules à raphides; mais c'est inutilement que j'ai recherché, même dans le parenchyme immédiatement sous-épidermoïdal du *Vanilla*, les représentants de ces cristaux octaédriques qui sont placés un à un dans chacune des cellules (excepté dans celles qui avoisinent immédiatement les stomates) de l'épiderme. Des gaz existent fréquemment dans les cellules spiralées, qui, quoique le plus souvent vides de tous granules organiques, peuvent cependant contenir de la chlorophylle et de la fécule.

III. Système fibro-cortical. — Le système fibro-cortical n'a pas, dans la plupart des tiges des Orchidées épiphytes, d'existence propre ou indépendante des faisceaux fibro-vasculaires. Mais il n'en est plus de même dans un certain nombre de ces plantes, où on le voit prendre un développement notable en s'isolant sur quelque point compris entre l'épiderme et les faisceaux fibro-vasculaires. Alors deux cas se présentent : ou, ce qui est l'état le moins ordinaire, le système fibro-cortical est engagé dans l'épaisseur du parenchyme qui l'enveloppe du côté externe aussi bien que du côté interne, ou ce système est immédiatement sous-épidermique et ne touche au parenchyme, auquel il est alors concentrique, que par son côté interne. Au premier cas se rattache le *Vanilla planifolia*; au second appartiennent au contraire les *Pleurothallis prolifera* et *spatulata*, le *Dendrobium fimbriatum*, l'*Epidendrum crassifolium*, le *Brassavola venosa*; les *Cattleia crispa*, *C. Mossiæ* et *C. Forbesii*.

Deux choses frappent tout d'abord dans le système fibro-cortical des Orchidées épiphytes, savoir : en premier lieu, l'existence non très rare de ce système dans un groupe de la classe des plantes monocotylédones qu'il y a peu d'années encore on regardait comme en étant toujours dépourvues; secondement, la situation fréquente de ce système, non, comme dans la généralité des Dicotylédones, sous le parenchyme cortical ou, tout au moins, dans l'épaisseur de ce parenchyme, mais extérieurement à lui ou exactement sous l'épiderme.

Il est d'ailleurs digne de remarque qu'à cet égard des différences peuvent exister, dans une même plante, entre le rizhôme et la tige proprement dite. Ainsi, dans le *Bolbophyllum Careyanum*, le système fibro-cortical du rizhôme est enveloppé par le parenchyme, tandis que celui de la tige est sous-épidermique.

Une autre observation est que les fibres corticales se disposent habituellement, quel que soit d'ailleurs leur siège par rapport au parenchyme et à l'épiderme, en une couche continue, et non en paquets ou faisceaux isolés les uns des autres : quelques réserves doivent sans doute être faites pour le *Lælia anceps* et quelques autres espèces. Je n'ai même pas observé, dans les tiges, ces brisures du cercle fibro-cortical qui existent dans le rhizôme du *Bolbophyllum*.

Les racines nous ont offert, chez les *Oncidium*, l'analogue de la couche fibro-corticale sous-épidermique qui vient d'être signalée dans les tiges. Toutefois, par la nature des éléments à parois peu épaisses et portant des raies, des spires et des réticulations diverses, cette couche corticale des *Oncidium* me paraît se rapprocher plus spécialement de ces cellules particulières du système cortical sur lesquelles M. Hugo de Mohl a récemment, dans un mémoire écrit d'un point de vue élevé, appelé l'attention du monde savant (1).

Les fibres des cercles corticaux des tiges nous ont toujours (?) paru être des fibres ponctuées pareilles à celles qu'on trouve dans la plupart des libers. Nous n'avons pas remarqué qu'elles fussent séparées par une zône de fibres minces, ou cambiales, du parenchyme qu'elles circonscrivent.

IV. Du SYSTÈME FIBRO-VASCULAIRE, ordinairement dit SYTÈME LIGNEUX. — Nous considérons le système fibrovasculaire de la tige dans la *disposition* et dans la *structure* intime de ses parties constituantes.

Comme dans la plupart des plantes monocotylédones, le corps fibro-vasculaire est constitué par un certain nombre de paquets ou faisceaux immergés dans la portion interne du tissu parenchymateux. La disposition des paquets les

(1) M. Hugo de Mohl, *Botan. Zeitung*, 1855, col. 873, *Ann. des Sc. Nat.* 1856, p. 141.

uns par rapport aux autres paraît tout d'abord, dans les cas les plus nombreux, n'être soumise à aucun ordre, mais presque toujours alors un examen attentif permet de reconnaître que ces faisceaux sont assez régulièrement ordonnés sur des cercles concentriques, qu'une couche plus ou moins épaisse de parenchyme sépare les uns des autres. Cette disposition des faisceaux sur des lignes circulaires, difficile à démêler quand, celles-ci étant en grand nombre (*Bolbophyllum Careyanum*), leurs éléments se pressent les uns les autres, est au contraire fort évidente dans celles des tiges dont les faisceaux sont en petit nombre (*Liparis lanceolata etc.*). Il arrive ici ce que chacun a pu observer sur les étamines. Celles-ci sont-elles peu nombreuses (*Oxalis, Geranium, etc.*), il est aisé de reconnaître et leur disposition verticillée et le verticille auquel chacune d'elles doit être rapportée ; sont-elles au contraire réunies en grand nombre, comme dans les *Malvacées*, etc., il semble que le désordre seul préside à leur arrangement.

Aux faisceaux fibro-vasculaires s'ajoutent, chez quelques Orchidées (*Physosiphon Loddigesii*) un cercle fibro-prosenchymateux qui donne au système ligneux de ces espèces l'apparence de celui d'une dicotylédone. Alors les faisceaux, souvent réduits à une seule zône, s'adossent régulièrement au cercle précédent ; parfois cependant un ou plusieurs faisceaux sont épars dans la moëlle ou le parenchyme central.

Si maintenant nous recherchons quelle est la structure intime ou la composition élémentaire des faisceaux, nous reconnaîtrons qu'à quelques différences près tenant à la proportion de chacun des éléments, tous les faisceaux fibrovasculaires ont sensiblement la même structure dans une même plante.

Mais si, dans une espèce donnée, tous les faisceaux ont

entre eux la plus grande ressemblance, ils peuvent différer beaucoup avec les genres, et, parfois aussi, avec les espèces elles-mêmes.

La composition des faisceaux est plus ou moins complexe. Les uns, et ce sont les plus composés, sont formés de vaisseaux et de trois sortes de fibres; d'autres n'ont, avec les vaisseaux, que des fibres de deux sortes; dans les plus simples, l'élément fibreux est réduit à une seule forme.

Les faisceaux à trois sortes de fibres se ressemblent beaucoup, tant par la nature propre de chacun de leurs tissus élémentaires que par l'arrangement réciproque de ces tissus (réserve faite de la disposition des vaisseaux les uns par rapport aux autres). Nous prendrons au hazard, comme exemple, le *Liparis* ou le *Bolbophyllum*, qui offrent la structure suivante : *a*, à la périphérie et du côté extérieur des faisceaux sont d'épaisses fibres ponctuées disposées en une section de cercle dont les extrémités s'avancent plus ou moins et peuvent même, en se prolongeant et se rencontrant vers l'intérieur, compléter un cercle qui alors forme une enveloppe continue au reste du faisceau; *b*, à l'intérieur du cercle ou de la section du cercle des fibres épaisses *a*, et adossé à la portion moyenne, est un paquet de fibres minces non ponctuées et étroites, souvent granulifères, répondant à ce qu'on a successivement considéré comme vaisseaux du latex ou comme tissu du cambium; *c*, plus intérieurement que les éléments *b*, sont placés les vaisseaux, sur l'arrangement et la nature desquels nous entrerons plus loin en quelques détails; *d* enfin se trouvent, placées du côté interne des vaisseaux que parfois elles entourent complètement, des fibres qui tantôt se rapprochent des fibres *a* par leurs ponctuations tout en se distinguant par une moindre épaisseur de leurs parois, (*Bolbophyllum etc.*); tantôt s'éloignent beaucoup de ces fibres *a* par leurs parois très minces et non ponctuées qui établissent un rapport entr'elles et les fibres plus étroites, plus longues et encore plus minces décrites en *b*.

Les faisceaux dans lesquels les fibres sont réduits à deux des trois formes qui viennent d'être indiquées en *a*, en *b* et en *d* manquent les unes de la forme *b* (*Maxillaria, Vanda, Cattleia spec.*) les autres de la forme *d* (*Brassavola venosa.*)

Enfin les faisceaux les plus simples, ceux dans lesquels une seule sorte de fibres est associée aux vaisseaux, sont réduits à la forme *a* (*Lælia anceps, Cataseti, Cymbidii et Epidendri spec.*). Une mention spéciale doit être faite des larges aréoles qui, dans le *Catasetum lingulatum* et le *Cymbidium sinense*, remplacent les ponctuations des fibres ligneuses ordinaires.

Les vaisseaux se disposent dans les faisceaux d'après deux modes. Dans l'un de ceux-ci, le plus rare parmi les Orchidées épidendres quoiqu'il soit le plus commum dans l'ensemble des végétaux, les vaisseaux sont isolés les uns des autres par l'interposition des fibres (*Vanilla, Aerides, Pleurothallis*); dans le second mode, qui se retrouve surtout chez les végétaux parasites, les vaisseaux, tous immédiatement contigüs, se pressent en un paquet qu'enveloppent ordinairement de toutes parts les fibres du faisceau (*Liparis, Bolbophyllum, Epidendrum, Brassavola, Lælia, Catasetum, Cymbidium, Vanda*, etc.)

Le rapport, assez constant, que j'ai plusieurs fois signalé entre la forme des vaisseaux et leur groupement ou leur disposition éparse est d'une constatation facile parmi les Orchidées. Avec l'isolement des vaisseaux coïncide leur forme en tube arrondi ; avec leur groupement en paquets, leur forme prismatique.

§ III. Anatomie de la Tige florale.

La structure des tiges florales ou des pédoncules n'a pas été étudiée jusqu'à ce jour par comparaison à la structure des tiges proprement dites, tant on était convaincu de l'identité des deux organes. Les fleurs, disait-on avec beaucoup de raison, se composent de feuilles modifiées en vue de la fonction spéciale qu'elles ont à remplir. Et comme on pensait que les modifications ne portaient que sur les appendices sans atteindre le support de ceux-ci, on n'avait émis aucun doute sur l'identité de structure des axes à feuilles et des axes à fleurs. Des différences habituellement fort appréciables établissent cependant une distinction entre les tiges et les pédoncules; les Orchidées épidendres suffiraient, malgré leur structure plus homogène que celle de beaucoup d'autres végétaux phanérogames, à établir cette distinction.

Quelques unes de ces plantes, parmi lesquelles je citerai en particulier le *Physosiphon Loddigesii* et le *Vanilla planifolia*, n'ont pas les pédoncules notablement différents de la tige elle même; mais il n'en n'est pas de même du *Maxillaria tenuifolia*, du *Catasetum intermedium*, de l'*Oncidium juncifolium*, du *Lælia anceps*, et de beaucoup d'autres Orchidées

Chez le *Maxillaria*, en effet, les pédicelles se distinguent nettement de la tige : *a*, par le manque constant de lacunes dans l'épaisseur du parenchyme; *b*, par la forme des cellules épidermiques; *c*, par les trachées vraies, dont la proportion dans la masse du système vasculaire est beaucoup plus grande que dans la tige.

La tige florale de *Catasetum intermedium* diffère de la tige proprement dite de la même plante, comme dans le *Maxillaria tenuifolia*, par la nature des cellules de l'épiderme, par l'absence de lacunes du parenchyme, et par les trachées plus nombreuses et plus facilement déroulables. Mais elle est de plus caractérisée par quelques différences dans la composition des faisceaux ligneux et surtout par l'existence d'un cercle complet de tissu fibro-prosenchymateux recouvert extérieurement par le parenchyme cortical et servant, par sa face interne, d'appui aux faisceaux ligneux qui s'ordonnent presque tous sur une ligne circulaire et affectent, par suite, une disposition beaucoup plus régulière que dans la tige.

L'*Oncidium juncifolium* a, comme le *Catasetum intermedium*, sa tige florale bien caractérisée par l'existence d'un cercle fibro-prosenchymateux complet auquel sont régulièrement adossés la totalité ou la presque totalité des faisceaux ligneux. Chacun de ceux-ci est d'ailleurs composé : *a*, du côté extérieur, par d'épaisses fibres ligneuses ponctuées le plus souvent disposées de telle sorte que sur la coupe transversale elles paraissent former une demi-lune ou un demi-cercle à extrémités atténuées; *b*, à l'intérieur, par un paquet de vaisseaux prismatiques rayés ou annulaires auxquels se mêlent à peine quelques trachées déroulables; *c*, d'un paquet de fibres minces et à parois unies placé entre le paquet vasculaire et la demi-lune (dont il remplit la concavité) du faisceau des fibres ligneuses.

Dans le *Lælia anceps*, enfin, le pédoncule se distingue nettement du bulbo-tige par son cercle fibro-prosenchymateux, par la concentration de ses faisceaux à la périphérie de la moelle qui devient lacuneuse dans la région axile, par la lacune qui se produit fréquemment dans l'épaisseur des faisceaux ligneux eux-mêmes par destruction d'une portion des tissus, et surtout par l'existence d'un grand nombre de trachées bien déroulables.

On pourrait multiplier les citations de faits établissant la distinction anatomique qu'il faut faire entre les axes de nutrition et les axes floraux; mais ceux que je viens d'exposer suffisent à cette démonstration, peut-être cependant moins absolue chez les Orchidées épidendres que dans la plupart des autres végétaux.

§ IV. ANATOMIE DES FEUILLES.

Les feuilles des Orchidées épidendres ont une structure qui diffère à plusieurs égards de celle des autres végétaux, et qui, à ce titre, mérite toute l'attention des anatomistes. Rappeler qu'en ces derniers temps un savant botaniste a émis l'opinion que c'est spécialement par leurs feuilles que ces plantes puiseraient dans l'atmosphère, non seulement les gaz, mais encore les liquides nécessaires à l'entretien de leur vie, c'est dire aussi de quel intérêt est pour le physiologiste l'étude à laquelle nous allons nous livrer. Nous considèrerons successivement dans les feuilles l'*épiderme*, le *parenchyme*, et enfin, le *sytème fibro-vasculaire*.

I. ÉPIDERME. — Les cellules de l'épiderme des feuilles des Orchidées épiphytes sont généralement disposées sur une simple assise, même dans celles de ces feuilles qui sont de consistance coriace. Les cellules épidermiques varient assez habituellement suivant les espèces, quant à la forme de leur face en contact avec l'air. Assez régulièrement hexagonales dans le *Bolbophyllum Careyanum*, le *Pleurothallis prolifera*, le *Physosiphon Loddigesii*, le *Liparis lanceolata*, etc., elles affectent des formes sensiblement différentes dans l'*Epidendrum cochleatum* et l'*Epidendrum Inosmum*. Dans aucune espèce je n'ai observé ces cellules à contours fortement sinueux qui constituent si fréquemment l'épiderme des feuilles chez les autres végétaux.

Les parois des cellules sont le plus souvent d'une notable épaisseur (*Bolbophyllum* Pl. 11); parfois cependant, comme dans les *Pleurothallis prolifera* et *P. spatulata*, elles sont presque aussi minces que celles du parenchyme sous-jacent. Mais ce dernier état, à la fois favorable à l'absorption et à l'exhalaison des liquides, est vraiment l'exception dans le groupe des Orchidées épiphytes, dont les feuilles semblent plutôt organisées en vue d'une faible et très lente déperdition des liquides que contient le parenchyme.

La cuticule ou *pellicule épidermique*, ordinairement fort épaisse, affecte dans beaucoup d'espèces une texture plus ou moins granuleuse qui se traduit par diverses rugosités de la surface, comme on peut le voir dans le *Bolbophyllum Careyanum*, le *Physosiphon*, etc. L'épaississement de la cuticule peut prendre un développement spécial et extrême sur les points correspondants au milieu de chacune des cellules épidermiques sous-jacentes; alors se produisent ces bombements ou reliefs en forme de segment de sphère qui s'élèvent de la surface de l'épiderme dans le *Brassavola venosa* et l'*Oncidium juncifolium*.

Divers corps peuvent être contenus dans la cavité des cellules de l'épiderme. Tantôt, comme dans le *Pleurothallis prolifera*, ce sont des grains de chlorophylle, tantôt des grains incolores ou des gouttelettes huileuses comme dans le *Physosiphon* et l'*Aerides triangularis*; tantôt enfin, comme dans le *Vanilla planifolia*, ce sont des cristaux qu'on observe dans ces cellules.

Des *stomates* existent sur toutes les feuilles des Orchidées épidendres. Mais, tandis que dans quelques unes (*Brassavola venosa*, *Oncidium juncifolium*), ils existent à la fois à la face supérieure et à la face inférieure, chez les autres (*Liparis lanceolata*, *Dendrobium fimbriatum*, *Epidendrum cochleatum*, *E. crassifolium*, *Vanillæ* sp., etc.), ils appartiennent exclusivement à la face inférieure. Je n'ai rencontré aucune espèce dont les feuilles portassent des stomates à la face supérieure seule, et il n'est pas vraisemblable qu'un tel fait, dont les analogues doivent être recherchés parmi les végétaux à feuilles flottantes, se retrouve jamais parmi les Orchidées épiphytes, et ce nonobstant les nombreuses singularités de structure déjà offertes par celles-ci dans la structure de leurs organes foliacés.

Indépendamment des stomates ordinaires, on trouve chez quelques Orchidées épiphytes des perforations épidermiques qui pénètrent plus ou moins profondément dans le parenchyme de la feuille, et qui, au lieu d'être bordées par deux cellules labiales susceptibles de se rapprocher ou de s'écarter pour fermer ou pour agrandir la bouche épidermique, se présentent sous l'un des deux états suivants : — Les unes de ces perforations sont creusées au milieu même d'une cellule épidermique autour de laquelle sont symétriquement disposées en cercle les cellules contiguës, ainsi que je l'ai vu dans le *Bolbophyllum Careyanum* (Pl. II, Fig. 2''''); les autres se présentent comme de simples pertuis laissés par l'écartement des cellules voisines. Ces dernières ne seraient-elles pas simplement le second âge des premières, caractérisé par la destruction complète de la cellule d'abord perforée à son centre? A l'appui de cette opinion je citerai le *Pleurothallis spatulata*, plante dans laquelle j'ai vu la cellule perforée réduite à un fort bourrelet appliqué contre les cellules voisines dont elle ne semblait plus représenter qu'un épaississement marginal.

Quelles sont l'origine et la fonction de ces pertuis, qu'ont successivement observés, avant nous, Meyen, M. Schleiden et M. Trécul?

Les pertuis sont, pour Meyen, des stomates.

Pour M. Schleiden, qui, comme Meyen, les a observés sur le *Pleurothallis ruscifolia*, ils seraient les analogues des cavités laissées sur les feuilles des Nymphéacées ou de l'*Acrostichum alcicorne*, par la chûte de poils profonds.

M. Trécul, qui les a vus dans le *Physosiphon Loddigesii*, dans le *Lepanthes spatulata* et chez diverses espèces de *Pleurothallis*, les considère comme le canal excréteur d'appareils glanduleux auxquels il donne le nom de *glandes cryptoïdes*. Il incline d'ailleurs, sur ses propres observations, vers cette opinion de Schleiden, que chaque pertuis est formé par la chûte d'une cellule.

Ainsi: quant à l'origine, destruction d'une sorte de poil profondément engagé entre les cellules du parenchyme; et quant à la fonction, stomate suivant Meyen, glande d'après M. Trécul, telles sont les opinions émises sur les pertuis de la feuille d'un certain nombre d'Orchidées épidendres.

Comme MM. Schleiden et Trécul, j'admets que l'ouverture de la perforation peut résulter de la destruction d'une cellule; mais j'ajoute que dans plusieurs espèces cette ouverture est creusée au centre même d'une cellule, comme il arriverait, par exemple, à un stomate ordinaire, si la cellule mère de ses deux cellules marginales ne se divisait que dans sa portion centrale, ou, si, après s'être partagée, elle redevenait simple par la soudure complète des extrémités des deux cellules provenant de son dédoublement.

Sur la question de fonction, j'admets volontiers, avec M. Trécul, que les pertuis donnent issue à une matière hydrocarbonée plus ou moins oléo-résineuse; mais, attendu que cette matière transsude d'autres points de l'épiderme sur les feuilles munies de pertuis, et de toute la surface épidermique des feuilles qui en sont privées, je ne saurais voir en ces derniers des appareils glanduleux. Je n'examinerai pas jusqu'à quel point l'existence d'utricules épidermoïdales, que M. Trécul dit tapisser toute la cavité des glandes cryptoïdes, est favorable à l'action de celles-ci; mais j'avouerai que, comme à M. Schleiden, il ne me paraît pas que l'épiderme fasse une rentrée dans les pertuis pour le revêtir jusqu'à son fond.

Les pertuis jouent-ils, comme le pensait Meyen, qui le premier les découvrit, le rôle de stomates? Contre cette opinion je ferai remarquer : *a,* que dans le *Bolbophyllum Careyanum,* le *Pleurothallis spatulata,* le *Physosiphon Loddigesii,* ils existent à la face supérieure de la feuille, tandis que c'est à la face inférieure que se trouvent les stomates de la même plante; *b,* qu'un caractère des stomates est de pouvoir s'ouvrir et se fermer suivant les besoins de la plante, tandis que les pertuis paraissent ne pouvoir se fermer; *c,* que dans quelques cas, ces pertuis s'arrêtent à la surface du parenchyme, au lieu de correspondre à des chambres creusées entre les utricules de celui-ci; *d,* que la matière verte est rare dans les utricules qui tapissent les pertuis. A l'appui de l'opinion de Meyen je trouve au contraire les faits suivants : *a,* il n'est pas rare que dans les Orchidées des stomates existent sur les deux faces des feuilles (*Brassavola venosa Oncidium junceum,* etc.), et d'ailleurs des pertuis existent, entremêlés aux vrais stomates, à la face inférieure des feuilles du *Bolbophyllum*; *b,* certains stomates paraissent, surtout dans les groupes inférieurs des végétaux, privés de la faculté de se fermer; *c,* en la plupart des cas, les pertuis répondent, comme les vrais stomates, à des cavités du parenchyme.

Les faits qui viennent d'être rapportés indiquent déjà que l'opinion de Meyen n'est pas insoutenable ; voici une observation qui paraît établir qu'elle est fondée de tous points. Elle m'a été fournie par le *Vanda recurva* Hook. (*Sarcanthus rostratus* Lindl.)

Le *Vanda* présente à la face inférieure de ses feuilles, entre des cellules plus ou moins hexagonales à leur contour, d'autres cellules ovales à peu près également distantes les unes des autres et percées à leur centre d'une ouverture qui ne diffère de celles du *Bolbophyllum*, etc., que par ce qu'elle affecte la forme d'une croix ; chacun des pertuis cruciformes vient s'ouvrir dans une chambre à air creusée au milieu du parenchyme. Aucun appareil semblable n'existe à la face supérieure des feuilles. Or, si l'on considère, d'une part, que les pertuis épidermiques du *Vanda* sont placés exclusivement à la face inférieure de la feuille, comme les stomates ordinaires dans celles (et c'est le plus grand nombre) des Orchidées épidendres qui ne sont pas munies de ces organes à l'épiderme supérieur, qu'aucune Orchidée épidendre n'est privée de stomates et que dès-lors il est logique de penser que dans l'espèce qui semblerait en manquer il y a lieu de considérer comme en tenant lieu les pertuis, d'ailleurs ouverts dans les cellules spéciales et communiquant à de véritables chambres à air ; d'autre part, que les pertuis du *Vanda* ne peuvent être regardés comme différant, par leur nature et leurs fonctions, de ceux observés dans beaucoup d'autres Orchidées, on est conduit à conclure, avec Meyen, que l'histoire de ces pertuis doit être rattachée à celle des stomates. On connaît d'ailleurs de pareils stomates dans un certain nombre de plantes d'une organisation imparfaite avec lesquelles les espèces épiphytes, comme les plantes parasites ou les végétaux aquatiques considérés dans leur ensemble, ont plus d'un point de contact. Et quant au rôle de glandes récemment attribué aux parties qui nous paraissent si décidément devoir être reportées à l'appareil respiratoire, il suffirait, pour le faire rejeter, de se rappeler que le fait, en lui-même fort exact, savoir la sortie de produits de sécrétion par les pertuis des Orchidées, a été observé sur les stomates ordinaires.

Dans la plupart des plantes dicotylédones, les épidermes, au lieu d'être identiques sur les deux faces des feuilles, diffèrent notablement, soit par la forme des cellules, soit par les stomates qui ordinairement manquent à la face supérieure ou n'y existent qu'en nombre moindre qu'à la face inférieure. Chez les monocotylédones au contraire, comme dans beaucoup de plantes grasses et d'espèces parasites à écailles squamiformes, quelle que soit d'ailleurs la classe de végétaux à laquelle ces dernières séries appartiennent, les deux épidermes sont habituellement semblables, tant par la configuration des cellules que par le nombre des stomates. Or, contrairement à ce que les faits généraux que je viens de rappeler pouvaient faire prévoir, les épidermes des Orchidées épidendres diffèrent généralement l'un de l'autre, sinon par les cellules qui ont souvent entr'elles la plus grande ressemblance, du moins par les stomates qui, dans la très grande majorité des espèces, manquent à l'épiderme supérieur. Comme il sera dit un peu plus loin en traitant du parenchyme, les différences entre les deux épidermes n'entraînent pas aussi souvent ici que dans les autres végétaux des différences correspondantes dans le parenchyme. A cet égard les Orchidées épidendres intéressent comme offrant de fréquentes infractions aux lois ou rapports reconnus dans les autres plantes.

II. PARENCHYME. — Le parenchyme des feuilles ne mérite guère, dans la plupart des végétaux, une description spéciale, mais il n'en est plus de même chez les Orchidées épidendres, plantes dans lesquelles il y a à tenir compte d'autres utricules que de celles à parois simples, et qui d'ailleurs diversement disposées, forment la masse parenchymateuse des premiers. Ces éléments de nature spéciale qui ici s'ajoutent aux éléments ordinaires du parenchyme des feuilles, sont les *utricules spiralées*, successivement apperçues par Meyen, par M. Schleiden, par M. Hugo de Mohl et par M. A. Richard, puis en ces derniers temps par M. Trécul, à qui la science est redevable d'observations nombreuses dont l'importance, déjà grande, eût été plus considérable encore si des circonstances particulières n'avaient porté ce savant et zélé botaniste à presser la publication de son travail.

Les observations de M. Trécul se rapportent, les unes à la présence et à la situation qu'occupent les utricules spiralées dans la masse parenchymateuse, les autres au mode et à l'ordre de formation des spirales de ces utricules. Voici en peu de mots les résultats des recherches de M. Trécul touchant la position et l'ordre de production des cellules spiralées, derniers points sur lesquels mes propres observations me permettent d'avoir une opinion.

Relativement aux cellules spiralées on peut (dit M. Trécul, qui ne comprend pas seulement dans ses aperçus les seules espèces épidendres, mais la famille tout entière,) classer les Orchidées d'après trois types, savoir :

PREMIER TYPE. — Comme dans le plus grand nombre des plantes, manque complet de cellules spiralées (*Orchis mascula*, *Gymnadenia conopsea* et *Epipactis palustris* parmi les espèces terrestres, *Dendrobium speciosum* parmi les Orchidées épidendres.)

A ce type doivent être aussi rattachés, parmi les épidendres, le *Dendrobium fimbriatum*, les *Epidendrum crassifolium* et *E. Inosmum*, le *Vanilla planifolia*, les *Cattleia crispa*, *C. Mossiæ* et *C. Forbesii*, le *Maxillaria tenuifolia*, le *Catasetum lingulatum*, le *Cymbidium sinense*, le *Vanda recurva*, et beaucoup d'autres espèces. Ce manque fréquent des utricules spiralées dans le tissu des feuilles des Orchidées épiphytes devra inspirer de la réserve aux botanistes qui seraient tentés d'accorder un rôle très important pour la vie aérienne des espèces, aux utricules spiralées de leurs feuilles.

DEUXIÈME TYPE. — Les utricules spiralées (toutes incolores) sont disposées entre les utricules vertes qui seules sont en contact avec l'épiderme de la feuille (*Bolbophyllum recurvum, Megaclinium maximum, Saccolobium* et *Pleurothallis divers*).

A ce type, auquel me paraissent appartenir l'*Epidendrum cochleatum*, l'*Aerides triangularis* et l'*Oncidium intermedium*, pourraient être rattachés l'*Oncidium juncifolium* et le *Bolbophyllum Careyanum* (Pl. II.), qui offrent toutefois des utricules spiralées entremêlées aux autres utricules sous-épidermiques. J'ai vu le même fait dans le *Pleurothallis spatulata*, cité par M. Trécul comme exemple de son deuxième type ; sans doute que ces différences dans les résultats de l'observation correspondent à des âges différents des tissus où à des différences individuelles.

TROISIÈME TYPE. — Le tissu vert est entièrement isolé de l'épiderme, sur toute l'étendue de la feuille, par des utricules incolores, dont les unes au moins sont spiralées (*Pleurothallis spatulata, P. racemiflora, P. laxiflora, P. panicoïdes, Lepanthes cochlearifolia,* et *Physosiphon Loddigesii*).

La disposition symétrique de quelques assises de longues cellules spiralées dirigées perpendiculairement aux faces de la feuille est, dans quelques unes des plantes de ce type, dans le *Pleurothallis spatulata* surtout, des plus remarquables. C'est d'ailleurs parmi ces plantes que se trouve une remarquable exception (dont l'indication se présentera bientôt) à la disposition du parenchyme vert dans l'ensemble des végétaux.

Aux trois types qui précèdent pourraient en être ajoutés quelques autres. Ainsi :

a — Les utricules spiralées sont entremêlées aux cellules vertes, même au contact de l'épiderme (*Bolbophyllum Careyanum*, etc.). Ce cas forme la transition du type 2e au type 3e.

b. — Les utricules sous-épidermiques sont ordinairement les seules non spiralées (*Brassavola venosa*). Ce cas est assez l'opposé du type 3°.

c — Les utricules peuvent être toutes spiralées et néanmoins, être vertes *(Lælia anceps)*.

D'autres faits, plus ou moins différents de tous les précédents, seront sans doute observés, ce qui aura pour effet, en multipliant les *types*, de les faire passer les uns aux autres, c'est-à-dire de les faire disparaître pour leur substituer un nombre assez considérable d'états ou *cas*.

Un point de l'histoire des cellules spiralées qui doit être modifié, est celui relatif à la matière verte que l'on croyait ne jamais exister dans ces cellules. Tel est bien, en effet, le cas le plus ordinaire; mais on peut voir que cette matière existe dans les utricules franchement spiralées du *Brassavola venosa*, du *Lælia anceps*, etc.

Parfois les parois des cellules porteraient, suivant M. Trécul, des réticulations. Signalé par M. Trécul dans l'*Epidendrum fragrans*, ce cas doit être fort rare. Il ne faudrait pas prendre pour des réticulations ou de larges ponctuations les dépressions ou impressions des utricules qu'on observe dans le *Bolbophyllum*, le *Lælia*, divers *Cattleja*, etc.

Si l'on compare, sous le rapport des spirales, les feuilles aux tiges d'une même plante, on trouve qu'assez fréquemment il existe dans celles-ci des utricules spiralées qui manquent aux feuilles; cette observation peut être faite sur l'*Epidendrum crassifolium*, le *Maxillaria tenuifolia* et le *Catasetum lingulatum*. Chez d'autres plantes (*Epidendrum cochleatum*, *Bolbophyllum Careyanum*), la différence est seulement du plus au moins, les tiges étant d'ailleurs les plus riches en spiricules. Un cas, sans doute beaucoup plus rare que les précédents, et que je n'ai encore observé que dans le *Pleurothallis spatulata*, est celui où les feuilles ont des utricules spiralées qui font défaut à la tige.

Les réticulations peuvent, parallèlement aux spirales, exister dans la tige et manquer dans les feuilles (*Cattleia crispa* et *C. Mossiæ*).

On sait que dans la grande majorité des plantes (dans les Dicotylédones surtout), le parenchyme des feuilles est de deux sortes, dont chacune occupe une position donnée. Sous l'épiderme de la face supérieure, et perpendiculairement à celle-ci est le parenchyme *vert et dense* que forment des cellules oblongues ou ovées étroitement pressées entr'elles; du côté de la face inférieure se trouve au contraire un parenchyme lâche et souvent caverneux dont les utricules ne contiennent que peu de matière verte. Telle est aussi la structure de quelques Orchidées épidendres dans lesquelles il faut compter, sous quelques réserves pour une ou deux assises de petites utricules immédiatement sous-épidermiques, le *Bolbophyllum Careyanum*, le *Cattleia crispa* et le *C. Mossiæ*.

Le cas le plus ordinaire est, comme en beaucoup de monocotylédones, que le parenchyme ait sa matière verte répartie à peu près indifféremment dans toute sa masse, ou tout au moins, à peu près également vers les deux faces de la feuille.

Mais le fait qui me paraît être de tous le plus remarquable dans l'histoire du parenchyme des Orchidées épiphytes, est celui que j'ai observé dans le *Pleurothallis spatulata* et le *Physosiphon Loddigesii*. Contrairement en effet à ce qui a lieu dans la généralité des végétaux qui ont vers la face supérieure des feuilles leur parenchyme vert et dense, c'est près de la face inférieure elle-même, dont il n'est séparé que par une assise d'utricules spiralées incolores, qu'est placé ce parenchyme.

J'ai fait la remarque que des rapports d'une assez grande constance et qui peuvent être formulés comme il suit, rattachent le parenchyme à l'épiderme des feuilles :

1er Rapport. Si les épidermes des deux faces de la feuille se ressemblent, tant par leurs cellules que par leurs stomates, le parenchyme est homogène, ou du moins, symétrique et divisible en deux parties semblables par un plan qui passerait au milieu de la feuille parallèlement à ses faces. Ici se placent le *Pleurothallis prolifera*, les *Oncidium intermedium* et *O. juncifolium*.

2e Rapport. — Si les épidermes des deux faces de la feuille sont dissemblables ou hétérogènes, le parenchyme est lui-même hétérogène et asymétrique. A ce rapport appartiennent le *Brassavola venosa*, le *Pleurothallis spatulata*, le *Physosiphon Loddigesii*, les *Cattleia crispa* et *C. Mossiœ*.

Aux rapports précédents échappent au contraire le *Vanilla planifolia*, le *Dendrobium fimbriatum*, les *Epidendrum cochleatum*, *E. crassifolium*, *E. Inosmum*, le *Lælia anceps*, le *Vanda recurva*, etc., dont le parenchyme est sensiblement homogène quoique les épidermes des deux faces soient dissemblables. Pour ne pas donner toutefois une trop grande importance aux fréquentes exceptions offertes par les Orchidées à des lois justes pour la grande majorité des végétaux, je dois faire remarquer que dans tous ces cas les différences ne portent pas sur la nature des cellules épidermiques, mais seulement sur les stomates considérés dans leur présence ou leur absence, dans leur nombre relatif et dans leur nature. J'ajouterai que si, avec des épidermes ainsi dissemblables coïncide un parenchyme homogène, je n'ai jamais observé cette autre exception qui consisterait en l'existence d'un parenchyme asymétrique, les épidermes des deux faces étant semblables entr'eux.

Quant à la formation des spirales dans les utricules du parenchyme, elle procèderait, suivant M. Trécul, de la page inférieure à la page supérieure des feuilles. Mes observations me conduisent toutefois à admettre qu'il n'en est pas toujours ainsi, les spirales pouvant apparaître sur plusieurs points à la fois. Ainsi dans le *Pleurothallis prolifera* et le *Brassavola venosa*, les spirales se montrent à la fois vers les deux faces et dans la partie moyenne de la feuille, et dans l'*Epidendrum cochleatum*, c'est dans la partie moyenne du parenchyme qu'elles apparaissent d'abord pour s'avancer ensuite vers les deux faces de la feuille.

Les réticulations, qui par leur fréquence chez les Orchidées terrestres paraissent remplacer chez elles les spirales des Orchidées épiphytes, présentent comme celles-ci divers cas dans l'ordre de leur développement.

Nous ne terminerons pas sur le parenchyme, sans faire la remarque que des *lacunes* peuvent exister dans son épaisseur (pétioles du *Bolbophyllum*, des *Epidendrum cochleatum* et *E. Inosmum*, du *Cymbidium sinense*).

III. Système fibro-vasculaire. — Le système fibro-vasculaire des feuilles des Orchidées épidendres doit être considéré : *a*, dans le nombre et la disposition des faisceaux qui le forment ; *b*, dans la structure même de ces faisceaux.

Comme chez la plupart des plantes monocotylédones, le nombre des faisceaux est considérable; bien rarement il descend jusqu'à 9 ou 11 (*Physosiphon, Sarcanthus*).

La *disposition* des faisceaux offre, ordinairement suivant les genres et quelquefois aussi suivant les espèces, des différences importantes. Ils forment une seule assise, ou se présentent sous un seul plan, dans le *Vanilla planifolia*, le *Bolbophyllum Careyanum*, le *Sarcanthus rostratus*, etc. Je les ai vus sur deux plans dans le pétiole du *Bolbophyllum*. Très fréquemment ils sont disposés sur trois plans, ainsi que le montrent les *Epidendrum*, les *Cattleia*, le *Lælia anceps*, le *Catasetum lingulatum*. Ils peuvent être assez régulièrement placés sur cinq assises, comme dans le *Maxillaria tenuifolia* et l'*Oncidium intermedium*; plus rarement sur quatre, comme dans le *Cymbidium sinense;* ou enfin, être en nombre indéfini et comme épars dans la masse du parenchyme, ainsi qu'on peut le voir dans l'*Oncidium juncifolium* et le *Brassavola venosa.*

Règle générale : quand les faisceaux sont rangés sur plusieurs plans, ceux de l'assise moyenne sont ordinairement plus gros (et plus composés) que ceux des plans supérieurs et inférieurs.

La disposition des faisceaux peut ne pas être la même dans le pétiole et la lame; si en ce cas le nombre des assises diffère, c'est dans le pétiole que ce nombre est le plus grand.

Les faisceaux des feuilles offrent divers degrés de *composition*. Eu égard à cette dernière et au siège qu'ils occupent, les faisceaux peuvent être divisés en faisceaux du plan médian et en faisceaux voisins des faces de la feuille.

Les faisceaux du plan médian (qui souvent existent seuls) peuvent être désignés aussi sous le nom de faisceaux *majeurs*, eu égard à leur volume plus considérable que celui des faisceaux des plans supérieurs et inférieurs, qu'en raison de leur petitesse on peut distinguer par l'épithète de faisceaux *mineurs.*

Les faisceaux majeurs sont fréquemment, comme les faisceaux fibro-vasculaires des tiges, composés de quatre éléments, savoir: *a*, de fibres épaisses et ordinairement ponctuées qui forment à la masse du faisceau une enveloppe ou complète, ou réduite à une section de cercle qui entoure alors la portion inférieure du faisceau ; *b*, de fibres minces et non ponctuées, encore assez épaisses, qui forment habituellement aux vaisseaux une enveloppe immédiate, à moins que celle-ci ne soit interrompue sur un point par le paquet des éléments dits du cambium ; *c*, par les fibres groupées en paquet, ténues, très minces et souvent granulifères, formant ce qu'on désigne par le nom de tissu du cambium; *d*, enfin, par les vaisseaux, organes qui sont quelquefois isolés entre les fibres *b* (*Liparis lanceolata, Pleurothallis spatulata* et *P. prolifera, Physosiphon Loddigesii, Oncidium intermedium* et *O. juncifolium*), mais qui le plus ordinairement sont réunis en un paquet vers le centre du faisceau (*Maxillaria tenuifolia, Bolbophyllum Careyanum*, etc. Pl. II. Fig. 2" et 2"'.)

Le nombre des éléments des faisceaux majeurs paraît se réduire quelquefois à deux, savoir, aux vaisseaux et aux fibres *a* ou *b*; mais il n'est pas rare de le voir ramené seulement à trois éléments, qui sont les fibres *a*, les éléments *b* ou *c*, et enfin les vaisseaux *d*. Je ne les ai jamais vus composés d'un seul élément, état qui me paraît ne devoir pas exister pour eux.

Les faisceaux mineurs, qu'on peut dire aussi faisceaux *subordonnés*, parce qu'ils n'existent jamais seuls, leur existence étant subordonnée à celle des faisceaux majeurs, ou *corticaux* pour rappeler l'analogie de composition qu'ils offrent avec les faisceaux extérieurs ou corticaux de quelques tiges d'Orchidées, consistent uniquement en un paquet de fibres épaisses et habituellement ponctuées. On les trouve dans les *Epidendrum Inosmum* et *crassifolium*, ainsi que dans l'*Oncidium intermedium* et l'*O. junceum*. Une fo , dans l'*Epidendrum cochleatum*, une série de faiscea mineurs se rapprochait de la composition des fa e x majeurs.

Une structure spéciale, remarquable et très complexe, caractérise les plus gros faisceaux du *Liparis lanceolata*.

Il existe fréquemment de grands rapports, on pe   ire même, une parfaite identité de structure entre les faisceaux des feuilles et ceux des tiges, comme on peut le voir dans le *Bolbophyllum Careyanum* (Pl. Fig. 1' et 1" comparées

5

aux Fig. 2' et 2"), le *Pleurothallis spatulata*, etc. Mais des différences peuvent toutefois exister. C'est ainsi que le *Vanilla planifolia* a quatre éléments aux faisceaux de la tige et seulement trois à ceux des feuilles, tandis que dans le *Dendrobium speciosum* et le *Liparis lanceolata*, ce sont les faisceaux des feuilles qui sont au contraire plus complexes que ceux des tiges.

Enfin, les faisceaux mineurs ou corticoïdes manquent assez souvent aux feuilles, bien qu'ils existent dans les tiges; toutefois le fait inverse est offert par l'*Epidendrum Inosmum*.

Arrivé à la fin des études anatomiques que nous venons d'exposer, nous ne devons pas taire que nous les tenons pour incomplètes. Aussi reprendrons-nous un jour, pour essayer de le remplir, le tableau dont nous ne donnons guère aujourd'hui que le cadre. Des recherches de physiologie expérimentale nous paraissent d'ailleurs devoir être, chez les Orchidées épidendres surtout, le complément des études anatomiques; tout n'est pas dit sur la vie de ces belles et singulières plantes.

Après avoir fait connaître les modifications profondes que le milieu détermine dans la structure des racines, nous avons jeté quelque jour sur le mécanisme qui préside à l'action de ces organes; mais ici même, le sujet n'est qu'effleuré, et tout reste à faire pour établir la part que prennent, dans l'ensemble du phénomène, les tissus spéciaux par leur nature intime et par leurs modes d'aggrégation, qui entrent dans la composition de la tige et des feuilles.

Il est d'ailleurs inutile de dire, au point de vue de l'anatomie, que les rapports et les différences de structure des Orchidées épidendres ne sauraient être mis en parfaite évidence que par la comparaison, d'abord avec les Orchidées terrestres, ensuite avec les grandes divisions du règne végétal. Mais les études sur celles-ci sont-elles assez avancées pour qu'une comparaison quelque peu complète puisse dès aujourd'hui être tentée. Je n'hésite pas à me prononcer pour la négative. Dans cette direction, un premier pas, consistant en l'étude des Orchidées terrestres, fera l'objet d'un mémoire que je prierai la Société des Sciences Naturelles de Cherbourg de vouloir bien accueillir.

EXPLICATION DES FIGURES.

Planche I. — *Liparis lanceolata?*

Fig. A. Partie inférieure de la plante. — On voit sur le bulbotige des fibrilles répondant aux nervures des feuilles détruites.

Fig. 1-1'''. Racine. — Fig. 1. Tranche horizontale d'une racine. — *a*, grosseur naturelle; *b*, coupe faiblement grossie: le cercle coloré périphérique répond à l'enveloppe spongieuse et se superpose à la couche parenchymateuse au centre de laquelle est le corps ligneux.

Fig. 1'. Segment plus grossi de la coupe 1. — On compte de dehors en dedans: 1° les utricules spiralées de l'enveloppe spongieuse, utricules dont l'assise interne, qui est la plus jeune, ne montre que de faibles stries transversales; 2° le parenchyme dont les utricules, souvent réticulées dans la région externe où elles offrent quelques granules de matière verte, contiennent vers l'intérieur de la fécule ou des raphides; 3° le corps fibro-vasculaire, composé d'épaisses fibres ponctuées entre lesquelles sont épars quelques vaisseaux à section arrondie; 4° une moelle petite, dense, dont les cellules polyédriques contiennent quelques grains de fécule.

Fig. 1''. Coupe longitudinale menée sur la coupe 1' depuis l'intérieur de l'enveloppe spongieuse jusqu'au centre de la moelle. — On y trouve tous les éléments signalés en 1'.

Fig. 2-2'''. Bulbotige. — Fig. 2. Coupe transversale du bulbotige vers le milieu de sa hauteur. — Les points colorés représentent les faisceaux fibro-vasculaires.

Fig. 2'. Segment plus grossi de la coupe précédente allant de l'épiderme au-delà d'un faisceau qu'il comprend tout entier. On voit de dehors en dedans: 1° l'assise des cellules épidermoïdales; 2° le parenchyme externe dont les utri-

cules contiennent de la chlorophylle ; 3° le faisceau fibro-
vasculaire que forment, du côté extérieur, un demi-cercle
d'épaisses fibres ponctuées, du côté intérieur, un
demi-cercle de fibres minces ; à l'intérieur un paquet de
de petites fibres cambiales adossé aux fibres épaisses, plus
un paquet de vaisseaux plus ou moins complètement enveloppé par les fibres minces ; 4° les utricules du parenchyme intérieur dans lequelles sont contenus des grains
de fécule.

Fig. 2''. Coupe longitudinale menée de l'épiderme au-delà d'un
faisceau suivant le trait marqué sur la figure 2'.

Fig. 2'''. Fragment d'épiderme vu en-dessus.

Fig. 2''''. Fécule de rhizôme très grossie, le grand diamètre des
grains les plus gros est de. 0^{mm} 06 à peu près.

PLANCHE II. — *Bolbophyllum Careyanum*.

Fig. 1-1''''' Bulbotige. — Fig. 1. Coupe horizontale : *a*, grosseur naturelle ; *b* coupe un peu grossie, les points colorés
répondent aux faisceaux.

Fig. 1''. Segment de la coupe précédente comprenant deux des
faisceaux. Sous l'épiderme, formé d'une assise d'utricules
à parois épaisses, existe dans le parenchyme extérieur
chromulifère un premier faisceau ; le second faisceau est
situé dans le parenchyme intérieur, qui est féculifère. Sur
les parois des cellules se voient des spirales, les unes
simples, les autres entrecroisées. Les faisceaux se composent : *a*, d'un cercle, souvent incomplet vers l'extérieur,
d'épaisses fibres ponctuées ; *b*, d'un paquet de petites
fibres cambiales ; *c*, d'un paquet de vaisseaux ; *d*, de
fibres assez minces et cependant à parois ponctuées.

Fig. 1'''. Coupe longitudinale menée depuis la surface épidermique jusque dans le parenchyme placé au-delà du
premier faisceau ; on voit que des deux vaisseaux contigüs
l'intérieur seul est spiralé.

Fig. 1'''' Lambeau d'épiderme.

Fig. 1''''. Fécule ; son diamètre est de 0$^{m/m}$ 015 seulemer

Fig. 2-2"""". Feuille.— Fig. 2. Pétiole ou feuille à sa base, coupe horizontale : *a*, grosseur naturelle ; *b*, coupe un peu grossie. Au milieu du parenchyme sont deux assises de faisceaux (représentés par les points colorés) au-dessous desquelles on voit une rangée de lacunes.

Fig. 2'. Coupe horizontale de la lame : *a*, grosseur naturelle ; *b*, la même grossie : les paquets ligneux forment une simple assise au milieu du parenchyme.

Fig. 2". Segment de la feuille comprenant un faisceau. — L'épiderme inférieur porte deux stomates, l'épiderme supérieur est percé sur un point de son étendue répondant à ce qui a été regardé comme glande cryptoïde. Entre le parenchyme supérieur ou dense et le parenchyme inférieur, est placé le faisceau que forment : à la circonférence, d'épaisses fibres ponctuées, à l'intérieur, un paquet vasculaire et de minces fibres cambiales.

Fig. 2"'. Coupe longitudinale menée du parenchyme supérieur au-delà du faisceau des trois vaisseaux que traverse la section, le vaisseau supérieur est seul parcouru par une spirale à tours d'ailleurs inégalement pressés ; sur les utricules du parenchyme sont marqués des empreintes circulaires.

Fig. 2"". Lambeau de l'épiderme inférieur. Il porte trois stomates ordinaires.

Fig. 2""'. Lambeau de l'épiderme inférieur. On y compte deux stomates par perforation simple considérée comme étant l'orifice de glandes dites cryptoïdes.

Extrait des Mémoires de la Société impériale des Sciences naturelles de Cherbourg, tome V. — (1857.)

Cherbourg, imp. Bedelfontaine et Syffert, rue Napoléon, 1.

www.ingramcontent.com/pod-product-compliance
Lightning Source LLC
Chambersburg PA
CBHW060517050426
42451CB00009B/1025